KREATIVITET OCH MINDFULNESS

100 bilder på **inspirerande mönster** att färglägga själv

BONNIER FAKTA

Kreativitet och mindfulness

I dagens ofta hektiska tillvaro är det många som upplever att det är svårt att finna ro och att hitta sin kreativitet. Många har svårt för att vara aktivt närvarande i livet.

Mindfulness är ett sätt att öva sig i att vara närvarande i nuet, för om vi kan förhålla oss till livet med större närvaro motverkar det stress och oro. Genom att locka fram din kreativitet, fantasi och spontanitet skapar du större plats för mindfulness och positivt tänkande.

Låt den här boken bli en följeslagare på vägen mot en större närvaro i livet. Låt den bli en gåva till dig själv för att få utlopp för din kreativitet.

Väck din kreativitet!

De flesta har ett behov av att uttrycka sig kreativt, och att skapa något som man upplever som kreativt kan vara avstressande samtidigt som det är stimulerande. Det repetitiva i att färglägga ett enkelt mönster kan erbjuda såväl lugn som överraskningar. Mönstret kan växa både utåt och inåt, vara både statiskt och dynamiskt, stilla och i rörelse. I varje mönster befinner du dig i kreativitetens centrum, där det stora och det lilla möts.

I denna lustfyllda målarbok för vuxna får du hjälp med att skapa mönster i ditt liv. Bokens syfte är att inspirera till fantasifull färgläggning av mönster och motiv, men även till att våga ta steget att skapa egna mönster eller bilder.

Ge motiven eget liv,
på ditt eget sätt!

Välkommen till en värld av inspirerande mönster och färg! Ge dig själv en stund för att fördjupa dig i en ny bildvärld, som du är med och skapar genom att färglägga den. Det är bara din egen fantasi som sätter gränserna när du målar och färglägger, vare sig du arbetar på fri hand eller med de mönster som presenteras här.

Oavsett om du är nybörjare eller ofta har en penna i handen, fundera inte så mycket utan sätt igång och ge dig hän utan begränsningar! Njut av bilderna, repetitionerna eller de vindlande mönstren, börja i centrum och arbeta dig utåt, eller jobba metodiskt från hörn till hörn. Det som just du färglägger kommer att bli vackert!

Du måste inte alls måla innanför linjerna om du inte vill. Vänd ut och in på motivet och byt plats på positivt och negativt eller på ljust och mörkt.

Du kan också koncentrera dig på att färglägga utanför själva bilden, måla med en färg i taget eller skapa effekter med streck, prickar och andra mönster. Eller varför inte lägga färger ovanpå varandra eller varva streck i olika färger?

Måla tillsammans med en kompis eller ett barn och börja från var sitt håll och se vad som händer när ni möts. Kanske tonar en och samma färgskala fram över ett antal bilder.

Var fri i ditt skapande! Låt stunden du hänger dig åt att färglägga skapa lugn och egen tid, och upplev hur avkopplande och rofyllt det är. Den här typen av bildterapi kan precis som utövandet av mindfulness få dig att stressa ner och bli mer närvarande i nuet.

Även professionella konstnärer kan ibland ha stor respekt för ett nytt skissblock. Kreativiteten låser sig och det blir svårt att komma över känslan av att det måste bli ett färdigt konstverk och inte bara en ofärdig skiss.

Glöm inte att din målarbok är bara din och att det är tillåtet att pröva sig fram. Du kan börja eller sluta måla när du vill! Du kan skissa på måfå eller gå helt upp i måleriet när andan faller på. Vara hur noggrann eller slarvig som helst.

Papper och pennor

Om du vill ha hjälp på traven så följer här några enkla tips: Pappret i målarboken lämpar sig bäst för färgkritor, vattenbaserade tuschpennor, akvarellfärg eller vanliga blyertspennor i olika kulörer. Tänk dock på att det inte är ett regelrätt akvarellpapper och därför inte tål alltför mycket vatten. Se också upp med spritbaserade tuschpennor och alltför blöt färg som kan gå igenom pappret och göra det ojämnt. Pröva dig fram med det du råkar ha hemma, som kulspets, kol, pastell eller vad du vill.

Kritor och oljepastellfärger finns i många olika former och prisklasser där dyrast inte alltid är bäst. Pröva dig fram till vad som passar dig. Kanske är det glitterpennor i olika färg? Det finns också olika sorters färgkritor och färgpennor där man efter att man ritat på pappret försiktigt kan bearbeta färgen med vatten och pensel precis som vattenfärg. Glöm inte heller hur roligt det är att använda och utforska gråskalans toner.

Din egen regnbåge!
Vad är färg egentligen?

Till sist några ord om färglära. Rött, blått och gult är grundfärger eller primärfärger – de är rena och ursprungliga och kan inte "blandas fram". Komplementfärgerna, som grundfärgernas motsatsfärger kallas, är grönt, orange och violett. Dessa färger får man genom att blanda grundfärgerna. Blått och gult blir grönt, rött och blått blir violett och så vidare.

Mellan två grundfärger finns en stor skala av olika nyanser, som till exempel orangea färger mellan rött och gult, ljusgröna färger mellan gult och grönt, ljusblå och turkosa mellan grönt och blått, samt lila färger mellan blått och rött. När man ser en färgcirkel slås man ofta av färgernas harmoni, men när man själv försöker blanda olika färger upptäcker man snabbt dess komplexitet!

Ett konstruktivt tidsfördriv är att skapa sin egen mandala (en meditationsfigur i form av en cirkel med mönster i) med hjälp av färgcirkeln. Denna meditativa övning ger avspänning samtidigt som den är både kreativ och prövande.

Och kom ihåg, det finns inget rätt eller fel – bara fantasin sätter gränser när du målar. Lycka till!

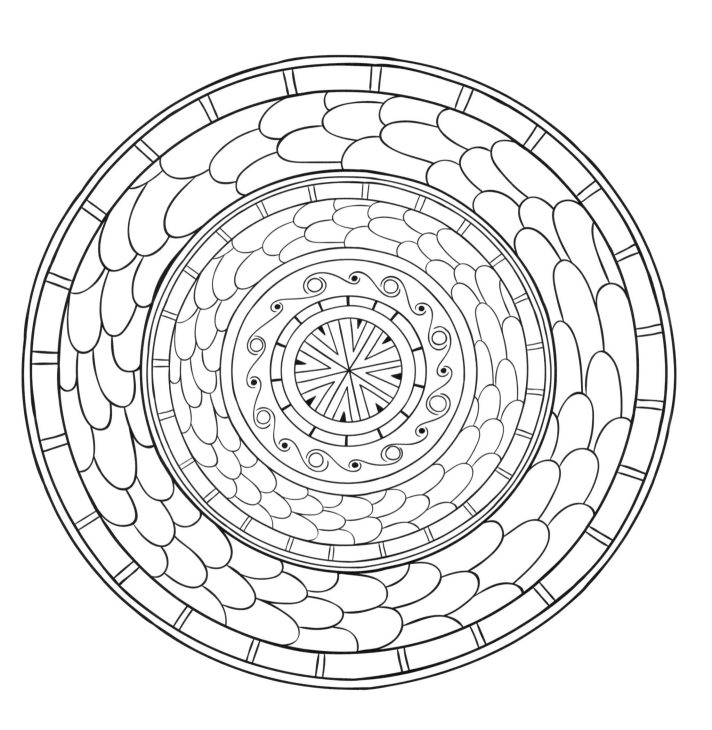

BONNIER FAKTA

www.bonnierfakta.se
Idé & projektledning Alexandra Lidén
Formgivning, bildresearch & bildbearbetning Eric Thunfors
Text Pontus Dahlström
Redaktör Thomas Lundvall
Bilder Shutterstock
Repro BOP Punkthuset
Tryck Livonia Print, Lettland 2015
ISBN 978-91-7424-501-1